Las alusiones perdidas

Carlos Monsiváis

Las alusiones perdidas

EDITORIAL ANAGRAMA
BARCELONA

Diseño de la colección:
Julio Vivas
Ilustración: «Líder orador», Antonio Ruiz «El Corcito», 1939

© EDITORIAL ANAGRAMA, S. A., 2007
    Pedró de la Creu, 58
    08034 Barcelona

ISBN: 978-84-339-6261-4
Depósito Legal: B. 27179-2007

Printed in Spain

Liberdúplex, S. L. U., ctra. BV 2249, km 7,4 - Polígono Torrentfondo
08791 Sant Llorenç d'Hortons

NOTA PREVIA

En la Feria Internacional del Libro de Guadalajara hay dos actos particularmente significativos. El primero y más solemne, que se concede el día de la inauguración de la Feria, es el Premio Juan Rulfo a un autor por la obra de su vida. El otro es el Reconocimiento al Mérito Editorial.

En 2006, el Premio Juan Rulfo se ha llamado Premio de la FIL, debido a un desencuentro con los herederos del autor, y fue otorgado el 25 de noviembre a Carlos Monsiváis, el gran cronista y conciencia crítica de su país, el intelectual indispensable: algo así como «el metro de platino iridiado» con el que cotejar la realidad (para comprobar o discrepar, pero sabiendo su opinión). Como escribió Octavio Paz, con quien sostuvo, desde la amistad, más de una polémica: «Carlos Monsiváis es un nuevo género literario.» En cuanto al Premio del Reconocimiento al Mérito Editorial, esta vez fue concedido a mi gran amiga Inge Feltrinelli.

Al fondo del salón Juan Rulfo, lleno hasta la bandera de público, bajo rigurosa invitación, se sitúa una espaciosa tarima tras la que se sienta un poblado Presidium: las fuerzas vivas culturales y políticas de Ciudad de México, así como de Guadalajara, con Raúl y Trinidad Padilla, presidentes de la Feria y de la Universidad, respectivamente, y con la directora de la Feria, Nubia Macías. Los sucesivos oradores del propio Presidium nos recordaron a menudo, pedagógicamente, la identificación y rango de todos ellos. Este año también formaban parte del Presidium cuatro ilustres colegas de Monsiváis, tres de ellos premios Nobel: Gabriel García Márquez, Nadine Gordimer y José Saramago, así como el mexicano Carlos Fuentes.

La brillante presentación del premiado corrió a cargo de otro gran escritor y amigo, José Emilio Pacheco, y no menos brillante y agudo estuvo en su discurso Carlos Monsiváis («Después de oír a José Emilio tiendo a pensar que existo»). Al salir del acto, amainados ya los víto-res («¡Carlos, no te mueras nunca!»), les dije a ambos que me gustaría reunir sus intervenciones en un librito, sería una pena que se perdieran. Aunque aceptaron de inmediato, conociendo el historial esquivo de Monsiváis, no estaba muy seguro de conseguirlo, aunque contaba con Sergio Pitol, nuestro común amigo, como fiel aliado para ir recordándole mi interés.

El 21 de enero recibí el texto de Monsiváis, quien lo calificaba de primer borrador (lo que provocó cierto *suspense* en la editorial), pero poco después, el 19 de febrero, llegó el definitivo.*
Casi el mismo día, Pacheco, que había leído pero también improvisado parte de su discurso, me envió su texto directamente definitivo. Mi enhorabuena y gratitud a ambos.

JORGE HERRALDE

---

* Posteriormente, Monsiváis nos envió las aceradas y muy enriquecedoras «Notas agregadas», que figuran al final del texto.

Presentación:
Carlos Monsiváis
y La Mulata de Córdoba

José Emilio Pacheco

> Oigo lo que se fue, lo que aún no toco,
> y la hora actual con su vientre de coco...
>
> RAMÓN LÓPEZ VELARDE,
> *La suave patria*, 1921

Conmemoramos aquí los cien años de Francisco Ayala y de Andrés Henestrosa. En el impredecible 2038 la Feria Internacional del Libro de Guadalajara celebrará en su presencia el centenario de Carlos Monsiváis. Los decanos de nuestra crítica literaria, Cristopher Domínguez y Rafael Lemus, recordarán aquel distante 2006 como la primera apoteosis de Monsiváis ya que en esa fecha remota le correspondieron el Premio Nacional de Literatura, el Premio Ramón López y sobre todo el Premio 2006 de la FIL.

Por si esto fuera poco, recibió 234 doctorados honoris causa; entre libros y artículos vio publicarse 498 textos acerca de él; dio 329 conferencias, concedió 1.524 entrevistas; asistió a la

13

inauguración de El Estanquillo, el museo que aloja 10.000 piezas de su colección, y durante la ceremonia en que se develó su estatua ecuestre en la plaza Garibaldi, un babalao de Guanabacoa le predijo que aún le esperaban el Premio Cervantes 2012, el Príncipe de Asturias 2015 y el Premio Nobel 2018 que recibió en su octogésimo aniversario.

Monsiváis llegó a Estocolmo en medio del estruendo provocado por el hecho de que, al abrirse al público los archivos secretos del espionaje mexicano, Adolfo Castañón descubrió el gran libro perdido de la literatura nacional: las célebres *Conversaciones telefónicas (1957-2017)* que recogen lo que llaman los anglosajones *the wit and wisdom,* es decir el ingenio y la sabiduría de Carlos Monsiváis. Desde entonces en la Universidad de Salamanca hay un seminario permanente que discute cuál es la obra cumbre de la maledicencia en lengua española: si las *Conversaciones* de Monsiváis o el tomo-bomba de tiempo que, tal vez sin proponérselo, dejó Adolfo Bioy Casares acerca de lo que Jorge Luis Borges decía en la intimidad.

Ya en el irrecordable 2006 Monsiváis era el más público de los escritores mexicanos y al mismo tiempo el más secreto, el más elocuente y el más reservado, el más famoso y el más incógnito. Nadie puede responder a la pregunta de quién es Monsiváis. Acerca de él empieza a desarrollarse una leyenda como la que inventó Umberto Eco sobre Borges.

El ciudadano Monsiváis murió en 1991 de una enfermedad contagiada por los innumerables gatos que alojaba en su casa de Portales. Su muerte se mantuvo en secreto por las consecuencias que tendría sobre la industria editorial mexicana. Para evitar el desempleo masivo de quienes imprimen, distribuyen y venden libros, revistas y periódicos y aun de los que fabrican el papel, una serie de escritores encabezados por Sergio Pitol contrató a un viejo actor de la época de oro del cine mexicano para que representara en las universidades, los foros, las pantallas, los micrófonos, las casas, las calles y los cafés a este personaje singular. Mientras tanto un equipo multidisciplinario e inteligentísimo escribía sin descanso todos los libros, ensayos, artículos que hemos leído y seguiremos leyendo bajo la firma de Monsiváis.

Como el centenario de 2038, esta leyenda se encuentra todavía en el indescifrable porvenir. En cambio, ya existe otra, la de un día de octubre de 2004 en que, según ha podido documentarse, Monsiváis presentó al mismo tiempo un libro en El Colegio de México y otro en el Fondo de Cultura Económica. Simultáneamente participaba en una mesa redonda en Bellas Artes, era entrevistado en vivo por la televisión, contestaba preguntas en un programa radiofónico de teléfono abierto y redactaba con un bolígrafo de hotel su artículo para *El Universal.*

La primera hipótesis acerca de este enigma es que la ciencia nacional ya ha logrado en secreto la clonación: hay un ejército de Monsivaises que fingen ser una sola persona. La segunda se apoya en la magia del México profundo: como la protagonista de la más hermosa historia fantástica inventada anónimamente en este país, La Mulata de Córdoba, Monsiváis posee el don de la ubicuidad, la solidaridad con los oprimidos, el poder de escapar a todo lo que pretende cercarlo y el privilegio de la eterna juventud.

Nadie ha recordado que en 2006 se cumplieron también cincuenta años desde que publicó en la revista estudiantil *Medio Siglo* su ensayo sobre la literatura policial, asombroso tanto para un adolescente de dieciocho años (hay que ver, y espero que nadie los vea, mis textos de esa edad) como para cualquiera que hoy mismo lo escribiese. En 1958 saldría en la misma revista otro vasto ensayo pionero sobre la ciencia ficción. Antes que el gran cronista por todos conocido se hicieron presentes en Monsiváis el joven poeta que renunció a escribir versos, no a leerlos ni a apreciarlos, el narrador de un cuento, «Fino acero de niebla», que anticipó la veta narrativa del *Nuevo catecismo para indios remisos* y se adelantó en ocho años a la llamada literatura de la onda, el ensayista y el crítico y en primer lugar el gran lector.

Practicante del arte de la memoria, Monsiváis es quizá el último que se sabe poemas enteros. Por algo deslumbró a Pablo Neruda cuando Carlos Fuentes lo llevó a conocerlo en París y Monsiváis le recitó sin un solo error páginas y páginas de sus libros. Esa capacidad infinita de recordar la extiende a todos los campos y abarca todas las culturas. Su obra y su persona son sin retórica la memoria de México.

Los estudiosos de Monsiváis son legión. Conocen su obra como no llegaré a abarcarla jamás, aunque aspiro a ser su lector más antiguo y constante. Elena Poniatowska y Sergio Pitol han escrito páginas memorables acerca de él. Entre sus amigos cercanos, ellos tienen más derecho que yo para estar aquí. Sea como fuere, soy un testigo implicado que ha mantenido con Monsiváis una relativa amistad de medio siglo.

Durante muchos años nos vimos casi todos los días. Desde hace décadas rara vez conversamos, aunque los encuentros son siempre afectuosos y extrañamente suceden más bien fuera de México. No ha habido motivo alguno de discordia. Lo que ocurre es que no está nunca en la Ciudad de México y también que se ha vuelto imposible reunirnos como antes en lugares públicos porque la gente lo saluda en masa, le pide autógrafos o quiere tomarse fotos con él.

Esta arcaica familiaridad no me impide el ejercicio de la admiración. Siempre he tratado de no parecerme a los habitantes de Nazaret. Ellos, según el Evangelio, se preguntaban cómo iba a ser el Mesías ese Jesús que era el hijo del carpintero y jugaba con ellos en la calle. Intento distinguir, aunque son uno y el mismo, entre mi amigo Carlos y «Monsiváis», el autor de *Días de guardar, Amor perdido, Escenas de pudor y liviandad, Entrada libre, Las herencias ocultas del pensamiento liberal del siglo XIX, Los rituales del caos, Salvador Novo, Las tradiciones de la imagen, Aires de familia* y tantos otros libros fundamentales. El solo enumerar sus títulos se llevaría todo el tiempo que me han concedido.

Carecer de generación equivale a no tener pasaporte ni tarjeta de crédito. Llegamos demasiado temprano para pertenecer a la onda, demasiado tarde para incorporarnos a la brillante promoción de 1932. Monsiváis y yo, con un año de diferencia, quedamos en el lugar de en medio, en la tierra de nadie, en la Nepantla que desde Sor Juana Inés de la Cruz se volvió el hábitat de la literatura mexicana. O en todo caso formamos nuestra propia y pequeña generación con Sergio Pitol, apenas unos años mayor.

Juntos conocimos un México que no tardaría en desaparecer, el país de José Vasconcelos, Alfonso Reyes, Martín Luis Guzmán, Julio Torri y los muralistas; hicimos muchas publicaciones, colaboramos en *México en la Cultura, La Cultura en México,* la *Revista de la Universidad, Excélsior, Diorama, Proceso, Sábado de Unomásuno* y *La Jornada Cultural* con Fernando Benítez, Vicente Rojo, Jaime García Terrés y Julio Scherer García.

El primero que nos dio un espacio para aprender equivocándonos fue Elías Nandino. De ese suplemento de *Estaciones* que también cumplirá medio siglo en 2007 obtuvimos la ventaja adicional de no quedarnos aislados en la Ciudad de México. Desde entonces Monsiváis ha recorrido sin cesar el país entero. Si de alguien puede decirse que es un escritor nacional, sin que por ello deje de ser el más capitalino de todos, es de él. Monsiváis jamás ha dejado de presentarse dondequiera, de allí que no sea tan fantástica ni tan humorística la teoría de su ubicuidad.

La época exigía un testigo de excepción y lo encontró en él, desde la invasión de Guatemala en 1954, hasta el 68 y Tlatelolco, el terremoto de 1985 y sus consecuencias, la rebelión neozapatista de 1994, las devastaciones del neoliberalismo, la narcosaturación de la sociedad mexicana, la brutalización de nuestra vida diaria y todo lo que ha ocurrido entre estos hechos trascendentales. Podemos esperar para muy pronto su crónica de cuanto ha pasado en México durante el estremecedor 2006.

El gran cronista es el Monsiváis más conocido, el más necesario y, por decirlo así y desde ahora, el clásico. Clásico en el sentido de que no podrá dejar de leerlo quien aspire a conocer y a entender cómo hemos sido, qué ha pasado con nosotros en la segunda mitad del siglo XX, «el estúpido siglo XX», diría un nuevo Léon Daudet, y en lo que va del aún más imbécil y siniestro siglo XXI.

Menos célebre pero no menos apreciado es el crítico de la poesía y de la narrativa mexicanas. Su primera antología de 1965 es contemporánea de su inicial y hasta la fecha última *Autobiografía,* que merece reeditarse de inmediato. Considero extraordinaria su relectura de nuestro siglo XIX, porque cuando empezamos a escribir, con raras excepciones como la de José Luis Martínez y el propio Henestrosa, todo el mundo desdeñaba esa tradición.

Una gran diferencia entre Monsiváis y su maestro Salvador Novo es que en una época en que las «malas palabras» aún se denominaban «groserías» y no eran como ahora el habla común, el español de México en el siglo XXI, Novo propuso: «Mandemos pues henchidos de respeto / don Ignacio Ramírez al carajo / y a la chingada don Guillermo Prieto.» Es decir, envió a la basura nuestro doliente siglo XIX.

En los años setenta Enrique Florescano nos llevó al Departamento de Investigaciones Históricas del INAH y gracias a él pudimos leer esa menospreciada tradición que ahora está al alcance de todos gracias a las compilaciones de Boris Rosen, Nicole Giron, José Ortiz Monasterio y tantos otros.

Monsiváis también supo redescubrir para México ese tesoro enterrado. Ramírez y Prieto no son ni podían ser Tolstói ni Víctor Hugo. Pero son a su manera grandes escritores de un pueblo que acaba de nacer (y aún no termina de hacerlo) y son también los ministros de Benito Juárez por cuyas manos pasaron todos los incalculables tesoros de la Iglesia y no se quedaron con un céntimo. Cuando ante el avance del ejército francés

Juárez tuvo que salir de la capital, Ramírez, que era parte de su gabinete, lo siguió a pie porque no tenía ni para alquilar un caballo, ya no digamos un carruaje. Y a su muerte hubo que empeñar todos los muebles de su casa para poder enterrarlo. Hay un leve contraste entre el México de los liberales de entonces y el México de los neoliberales de hoy.

Un crítico se prueba también por su capacidad de contradecirse y rectificarse. Me parece ejemplar que Monsiváis, en principio desdeñoso de Amado Nervo, haya sido capaz en estos años de dedicarle un libro entero. Otro volumen requeriría el examen de su relación con Octavio Paz, a quien consagra *Adonde yo soy tú somos nosotros*. En 1978 polemizan y esa discusión es ejemplar para nuestros días, pues muestra la absoluta necesidad de la crítica a todo y a todos y lo imprescindible que resulta la urgencia de dejar atrás la injuria y el deseo mutuo de exterminio para volver a practicar la indispensable polémica.

Seis años antes, en 1972, Paz añadió a la reedición barcelonesa de *Puertas al campo* un párrafo que vale la pena resaltar y no he visto citado:

El caso de Monsiváis me apasiona: no es ni novelista ni ensayista sino más bien cronista, pero sus extraordinarios textos en prosa, más que la disolución de esos géneros, son su conjunción. Un nuevo lenguaje aparece en Monsiváis –el lenguaje del muchacho callejero de la ciudad de México, un muchacho inteligentísimo que ha leído todos los libros y todos los *cómics* y ha visto todas las películas. Monsiváis: un nuevo género literario.

Así pues, un gran acierto del jurado del Premio de la FIL 2006 ha sido consolidar de una vez y para siempre este género único, suyo, nuestro y de todos: el ensayo-relato-crónica de Monsiváis, singularidad que sin embargo cada día tiene más seguidores.

Como uno de sus clásicos, Borges, dijo sobre otro de sus clásicos, Quevedo, el escritor al que hoy hacemos entre todos el más merecido de los homenajes es «menos un hombre que una dilatada y compleja literatura». Aquellos dos adolescentes de 1957 entramos ahora en la última jornada y ya jamás tendré oportunidad de decir esto en público. Termino entonces con la expresión de una gratitud que estoy seguro es compartida: Gracias, Carlos Monsiváis, por habernos dado en tantas páginas que no olvidaremos el testimonio, la constancia, la experiencia, la perduración crítica, irónica, dolida, inclemente y también compasiva y solidaria de todos nuestros ayeres.

Guadalajara, noviembre de 2006

Las alusiones perdidas

Lo primero es el agradecimiento: a la Feria Internacional del Libro de Guadalajara, a la Universidad de Guadalajara, al jurado que me otorgó el premio, a la presencia de ustedes, a la trayectoria del Premio, que las dieciséis veces anteriores se ha otorgado a escritores en verdad valiosos. Y, aquí creo hablar en nombre de los lectores de esa cultura planetaria a la que respondemos y correspondemos, lo primero es también atestiguar la impagable deuda de gratitud con los libros sagrados (de la Biblia al Ramayana y el Popol Vuh), con los clásicos griegos, con –cito algunos para luego arrepentirme por las omisiones– Dante, Shakespeare, Cervantes, San Juan de la Cruz, Santa Teresa, Quevedo, Góngora,

Lope de Vega, Milton, Sor Juana Inés de la Cruz.

¡Oh Funes, dios de las intimidaciones de la memoria! ¡Oh manía del catálogo, diosa de la vastedad de los conocimientos indemostrables! ¡Oh las noches en vela dejando de leer para enlistar las lecturas fundamentales!... Ya una vez exhibido mi árbol genealógico como lector y escritor en cumplimiento de un ritual muy asumido en países antes (y ahora) considerados periféricos, doy noticia de mi formación, la que tenga. ¡Oh década de 1940, y ésta es la última exclamación «a la antigua»! En tu espacio de tiempos leí a los clásicos en versiones accesibles que ahora se juzgarían ilustradas con avaricia, las de la editorial argentina Billiken con la *Ilíada,* la *Odisea,* la *Eneida, Don Quijote, La cabaña del tío Tom, La Divina Comedia, Las fábulas de Esopo...* Y también frecuenté una colección de la Secretaría de Educación Pública: la Biblioteca Enciclopédica Popular, donde atisbé, por ejemplo, versiones muy resumidas de *Anábasis,* la poesía prehispánica (así le decían antes de la llegada de los españoles), las vidas de Bolívar y Juárez, los corridos de la Revolución Mexicana.

¿Estas notas son autobiográficas o autobibliográficas? Si son lo segundo, como creo, menciono de inmediato el libro primordial en mi formación de lector: la Biblia, en la versión del *reformado* Casiodoro de Reyna (1606), revisada por Cipriano de Valera. En mi niñez, Reyna y Valera me entregaron mi primera perdurable noticia de la grandeza del idioma, de la belleza literaria que uno (si quiere) le adjudica a la inspiración divina. Dice el salmista: «Los cielos cuentan la gloria de Dios y la expansión denuncia la obra de sus manos. Él un día emite palabra al otro día, y la una noche a la otra noche declara sabiduría.» Desde que oí esto maravillado a los ocho o nueve años de edad, con otras palabras, es decir, con otra perspectiva, es decir, ajeno a lo que voy a decir, advertí que ese idioma de los Siglos de Oro aislaba la grandeza de las palabras, y potenciaba el gozo de algo desconocido, ajeno a lo que oía y leía a diario, distinto por entero de las lecciones de la Escuela Dominical, y de las reivindicaciones y temores de la minoría protestante. La Biblia de Reyna-Valera es una obra maestra del idioma, que a los lectores no devocionales les permite ingresar a las parábolas o las alegorías del poder que es también el Dios de los ejércitos, tan belicoso, y a las lecciones de los Evangelios que San Pablo militarizó. Así, el responsable inicial en mi ordenamiento del caos fue el monopolista de la revancha: «Mía es la venganza, dijo el Señor», y Jehová fue el primer autor en mi perspectiva un tanto sacramental de los libros. El Dios de la venganza, la celebridad de los orígenes, es si no el escritor, sí el editor de esa antología de relatos, poemas, verdades o mitologías reveladas, la Biblia, que se lee cada vez menos porque ya para casi todos las películas se exhibieron antes.

«¡YA VIENE EL CORTEJO!
¡YA SE OYEN LOS CLAROS CLARINES!»

En la infancia y la adolescencia abismarse en cuentos y novelas no es tanto una técnica de introspección sino el método que sitúa por contrastes o semejanzas a los vecinos, los parientes, los profesores, los amigos y los conocidos, y que ayuda al entrenamiento de la sensibilidad y del sentimentalismo, las expresiones contiguas. En este sentido, leer es catalogar, y en la etapa del trato con los libros que se afirma en la adolescencia, el gozo del lenguaje se beneficia particularmente de la poesía que alojan o alojaban los libros de texto, los sonetos o los fragmentos de poemas largos que se memorizan cumpliendo un trámite, el de la posesión del oído literario, que en algún nivel, así sea remoto, todos tenemos, quizá con la excepción de los profesionales de la palabra en los Medios, que de tanto decir lo mismo ya no se dan cuenta del tema a su disposición. (La automatización verbal ensordece.) La poesía leída y memorizada en la infancia y en la adolescencia favorece también el sentido del ritmo, ese acervo acústico que si no se cultiva se extingue para dar paso a la sordera. Dicho sea no muy de paso: el sentido del ritmo verbal puede darse también explorando por intuición los depósitos del idioma como lo demostró en su jazzeo genial el primer Cantinflas.

Reitero mi admiración –es decir, mi recordación frecuente– a los poetas que leí primero, los del modernismo latinoamericano. Rubén Darío, José Martí, Manuel Gutiérrez Nájera, Salvador Díaz Mirón, José Santos Chocano, Julián de Casal, José Asunción Silva, Leopoldo Lugones, los que me permitieron el acceso ya más transparente a la poesía de los Siglos de Oro. A ellos les debo esos instantes en que, sin proponérselo, la memoria nos acerca de repente a la belleza radiante que un solo verso contiene. *Salid sin duelo, lágrimas, corriendo.*

Aprovecho la oportunidad y suplico que alguien me transmita el nombre del autor español de esta cuarteta, casi descaradamente inmortal, que es un *alien* de mi mente:

> Trabaja joven, sin cesar trabaja,
> la frente honrada que en sudor se moja,
> jamás ante otra frente se sonroja,
> ni se rinde servil a quien la ultraja.

La mezcla no perjudica y se puede entreverar a Darío y a la literatura policíaca. Por la intercesión de Dame Agatha Christie, descubrí cómo en las familias prósperas o con ganas de serlo el asesinato es el verdadero vínculo incestuoso (en las narraciones de Christie, todos son familiares de todos, y si Hércules Poirot es belga es con tal de que se filtre la posibilidad: por lo menos uno de los personajes no es pariente de los demás, y por tanto no los odia desde el día de su nacimiento). Y los novelistas *noir,* Dashiell Hammett, Raymond Chandler, David Goodis, Jim Thompson, Cornell Woolrich, me han ayudado a entrever lo ahora evidente: detrás de las instituciones de la seguridad pública están los panteones clandestinos (su otro archivo), y en el fondo de las atmósferas turbias de jazz, whiskey, indiferencia al dolor y callejones sórdidos habilitados como lechos de agonía, se movilizan la estética del *cine y la literatura* de las megalópolis.

Uno se arma de fragmentos de lectura, de selecciones de la memoria bastante menos caprichosas de lo que parece. ¿Qué encuentro en «El ruiseñor y la rosa» de Wilde, que me hizo captar la idea de sacrificio más nítidamente que en todas las historias de los santos, con la excepción de Santa Lucía, que canjea su vista por su encumbramiento en los altares?... ¿Por qué descubrí el sentido del humor en *Aventuras de Pickwick* de Dickens? (No sabía que mi risa ante ese club del infortunio inauguraba la cuota que me correspondía del sentido del humor; pensaba entonces, supongo, que la burla le hace ver al lector que el fracaso ajeno es lo más divertido que existe.)

«YA SÓLO TIENE SENTIDO COLECCIONAR AUTÓGRAFOS DE DESCONOCIDOS»

En la época del Laptop, el CD, el DVD, el CD-Rom, los iPod, el Blackberry y los *super-shows,* la tecnología de uso personal es la visión del mundo que nace y muere con los vaivenes de la obsolescencia. Por eso aventuro la hipótesis: en estos años la tradición es aquello que vendrá o sobrevendrá, no el punto de partida. La inversión de términos se explica por su cuenta: la tradición se avizora en cada estallido de la moda, y el porvenir se colma de vejez cada que las tecnologías nuevas desplazan a las todavía vigentes el día de ayer. No hay dolor más grande que ser el propietario de aparatos súbitamente descartados. La tradición, el futuro obstinado en arraigar de inmediato.

Por eso los cambios culturales radicales se presentan como modas, en un ámbito regulado por las imitaciones serviles, la reducción de letras de boleros a tratados filosóficos, la poesía prefabricada de la publicidad («En Jardines del Más Allá usted encontrará la paz que tanto busca» o el letrero que vi en una iglesia de mi barrio «Recicla tu espiritualidad») y las concepciones mecánicas de lo que fue Pueblo y hoy es la Gente, la última trinchera de las comunidades antes de esparcirse en los alrededores del mercado.

En este proceso hay algo irreversible: desaparecen numerosas contenciones sociales y un gran número de prejuicios, y en los sectores culturales se observa muy de otra manera el duelo ancestral entre Barbarie y Civilización (fórmula que sólo se explica si se la redefine a la manera de Walter Benjamin, del documento de la civilización que lo es también de la barbarie), porque en dos siglos de vida latinoamericana se han integrado las antípodas. El enfrentamiento persiste bajo formas no soñadas por Sarmiento o Justo Sierra, y es falaz insistir en la «pureza espiritual» o en la «pureza de lo primitivo». Todo se construye a pesar de todo y contra todo, todos influimos sobre todos, como habría dicho Alfonso Reyes, al observar los ámbitos regidos por la represión y la corrupción, por la telenovela y el desempleo, por el chateo y el YouTube, por las cumbias dedicadas a Macondo y la conversión de Leonardo da Vinci y Mozart en obras y nombres ultrapopulares, por los blogs y el estudio de los poemas como exorcismos: «Era del año la estación florida / Qué ruido tan triste el de dos cuerpos cuando se aman / Lleno de mí, sitiado en mi epidermis / Inmóvil en la luz pero danzante / Lento, amargo animal que soy, que he sido / Yo no amo a mi patria / Un no sé qué que se queda balbuciendo.»

MATERIA PRIMA PARA EL OBITUARIO
QUE AL FINAL SÓLO DIRÁ:
«¿DE QUIÉN SON ESTAS CENIZAS?»

Mi acta de ciudadanía se arma con la suma de causas perdidas que me han importado y que continúan haciéndolo. Cómo negar el atractivo de las causas perdidas: alejan del orgullo pueril de la repartición de prebendas, le confieren a la derrota el aire de la sabiduría, auspician el sentido del humor a contracorriente, crean escalas valorativas más justas o mucho menos injustas y, sobre todo, se vuelven inevitables en la era neoliberal. Si no se cae en el victimismo, las causas perdidas son un recurso enorme de la salud mental. «Que Dios debería proteger a los buenos ya que los malos son definitivamente estúpidos y tan corruptos que en las noches se giran a sí mismos cheques sin fondos.»

«NO LLORO, NOMÁS ME ACUERDO»

Algo importante cristaliza a partir de la década de 1980, «la década perdida» de libre expresión de la sexualidad y de la emergencia de sensibilidades hasta ese momento negadas o aludidas eufemísticamente o representadas «de modo que no ofenda». De pronto, fluyen ideologías y comportamientos proscritos, vocabularios alguna vez considerados ilícitos, reconsideraciones estadísticas de las minorías, heterodoxias culturales. (Lo ya inencontrable es el sitio exacto de la ortodoxia.) Se extiende la literatura escrita por mujeres, se describe sin escándalos y con frecuencia entre bostezos la ronda de las fornicaciones («Llegué al capítulo 5 y apenas iban diez acostones. Dejé la novela porque no me atraen las mojigaterías ... Un libro al que hay que quitarle las sábanas para leerlo»), se le abre un espacio a la literatura de temática gay («Si ya lo sabe Dios que lo sepan los lectores»), y a la novela policíaca se la hace depositaria del realismo social («Los seis balazos lo derrumbaron nada más a él, no a su clase social»). Todo de pronto ingresa en el sincretismo de las urbes: la internacionalización que es tecnología, la conversión en franquicia del aspecto de las ciudades, el perverso polimorfismo del close-up y del zoom, el desvanecimiento del aura misteriosa de lo sexual («Es tan anticuado como un coito»), los derechos reproductivos, las montañas de condones que en los basureros hacen las veces de apoyos a la precaución, los cómics en donde se refugian los arquetipos, la toma de conciencia que da paso a la frustración (y viceversa), el intento de la escritura en perpetuo estado de limpidez o de frenesí urbano, y el descubrimiento reverencial del Marketing.

En la literatura, un fervor similar construye simultáneamente las técnicas para abordar lo vivido o lo imaginado. El melodrama es la catarsis al mayoreo, el promotor de la telenovelización de la realidad («No se gritan, así que se llevan mal»), entre las indagaciones donde el carácter se remodela ante el espejo. La mayoría de los personajes dispone de varios contextos pero sin un texto a la disposición.

El tiempo presente y el tiempo pasado están quizá contenidos en el tiempo presente. Leído ahora, el pasado revela otras tensiones, vínculos distintos de los apreciados habitualmente entre realidad y utopía, entre literatura y vida comunitaria. No han pasado en vano ni Freud ni Marx ni los surrealistas ni las guerras mundiales ni la sexología ni la explosión demográfica ni la informática ni las guerras imperiales en nombre de la salvación de la humanidad ni la fragmentación de la experiencia que depositan las vivencias en videoclips. Al presente también se lo contempla de modo nostálgico, todo transcurre tan rápido que es imposible fijar las emociones, *detente, momento, antes de que llegues ya has transcurrido,* lo posmoderno suele ser la evocación melódica del culto al Progreso, ya extinguido. En la literatura del mercado se elige el mundo ideal, la Colombia o la Costa Rica o el Perú o el México o la Argentina o el Ecuador que se hubiese querido vivir y se los amuebla con pasiones, diálogos y tramas que intentan reproducir la etapa en que la industria cultural y la respuesta popular produjeron obras maestras de la persuasión sentimental y la claridad expresiva.

«NOCHE DE RONDA, QUE TRISTE PASAS...»

Al pesimismo subyacente o yacente en estas notas lo niega o lo contradice la existencia de las instituciones que promueven la lectura, las veintenas de miles de jóvenes que no pasan su vista sobre las páginas, sino en rigor leen, la existencia de infraestructuras culturales, y la calidad de la escritura, muy en especial en la poesía que el mercado desdeña. Sin embargo, la desolación persiste y se amplía, pero en la América Latina de movimientos sociales y ONG y grupos que defienden la ecología y los derechos de las minorías surge la actitud desplegada en los clubes de lectura, en la promoción de Leyes del Libro, en el rechazo a hacer de las zonas patrimoniales meros *resorts*. Ésta es una novedad: el empoderamiento cultural.

Uno recuerda algún aforismo de Wilde si desea parecer ingenioso, uno cita a Borges si quiere decir algo inteligente, y se menciona el periódico de la mañana si el propósito es indignarse con justa razón. Me detengo en Borges, que sostiene que las opiniones políticas son lo más superficial de los individuos. Sí y no, las opiniones y los juicios políticos suelen ser superficiales pero también responden a decisiones personales muy profundas, y, además, la mayoría de los comportamientos integra a diario las dos instancias en combate. Pero incluso en los medios literarios más afectados por las divisiones políticas lo que unifica es el asombro y la cordialidad que la lectura provoca. Un buen lector siempre se rinde a la evidencia: si el libro vale la pena, el autor o la autora son mis semejantes. La unidad primera y final de las comunidades intelectuales, lo que les otorga esa condición, es su acuerdo sobre los órdenes de calidad.

Los elementos formativos (los estímulos) están a la vista. Y nunca afirman su presencia de modo insolente. Ahora las influencias vienen de donde sea, lo que significa que no llegan con la carga canónica que las distinguía (en gran medida, las influencias son ya recomendaciones o sugerencias), y pueden venir de recursos del cómic, de la fotografía artística, de los dibujos animados, del kitsch, de los grandes iconos de la pintura moderna, de la perspectiva de género, de la cultura popular, de la historia religiosa del siglo XII, de los mensajes de una secta ocultos en la serie de *Los caprichos,* de los performances y las instalaciones. Los artistas del siglo XXI viven su individualidad a fondo, y aunque ésta no siempre los recompense (lo propio del arte actual es la creación de los cánones que lo evalúan pronta o póstumamente), sí los libra de la exigencia de representar un país, una cultura, una creencia, un temperamento histórico más o menos actualizado, sin que esto evite también que las maneras típicas del tiempo representen un país, una cultura, una creencia, un temperamento histórico más o menos actualizado.

44

Nunca hay tradiciones sólo nacionales, nunca hay tradiciones sólo internacionales, nunca hay arte contemporáneo sin tradición. (Luego de enunciar estas verdades absolutas debería citar entre paréntesis un tango o un bolero.) Ante el arte más globalizable que globalizado importan la suma de respuestas, las contrariedades, las afirmaciones, el deleite del espectador que es el cómplice (crítico) de la obra, el autor indirecto o más directo de lo que se piensa, el recipiente y la institución inesperada que transforma en estética y vivencias contemporáneas los objetos que contempla.

«CONFIÉSOME, PREMIO»

Vislumbro la vida literaria en la geografía del Centro Histórico de la Ciudad de México. Aún se advierte la mitad de la Ciudad Letrada, que en México en la década de 1950 guarda las formas: los culturati se admiran y se aborrecen, los encuentros fortuitos se transforman en sesiones hasta el amanecer, el café y las librerías son actos rituales, los chistes se repiten tanto que amanecen instituciones, la malevolencia es una tarjeta de visita, las librerías de viejo son el arca abierta donde el que más ignora compra una gran novela, hay peregrinaciones para conocer escritores, el diálogo florece sin presentir que lo asesinará el celular o móvil, don Alfonso Reyes es la imagen del escritor profesional.

Se vive en y para las revistas literarias, se frecuentan los productos editoriales de Argentina y España, se lee con voracidad. Aún se sabe: lo más probable es que un escritor todavía conozca por nombre a un buen número de sus lectores reales o probables. Y al conjunto lo rige un concepto legendario y real: la República de las Letras, cuyas jerarquías parecen establecerse y manejarse por sí solas. Unos cuantos, en posiciones privilegiadas, se ponen de acuerdo y de allí surge el criterio canónico primordial, al no existir aún la industria académica y al ser la escritura un oficio riguroso sin mayor beneficio. Se conocen o se frecuentan simultáneamente la ciudad, la literatura, las amistades, la vida nocturna, el temperamento de las suripantas o hetairas (otras palabras fosilizadas). Y no hay mejor guía de la ciudad que el fervor por los lugares literaturizables, los cafés, las calles a la medianoche, las reuniones para leer los textos escritos ayer, el sexo que da gusto transcribir en la página antes de que dé comienzo.

Vuelvo a mí mismo, a la intimidad, que es una especie de embajada donde siempre me dan asilo, y repaso las dificultades para *no* decir la verdad, porque ya nadie cree en las fantasías ajenas, las confesiones se han vuelto para sus espectadores una gran oportunidad de ejercer la crueldad humorística, y el envanecimiento ya lleva consigo el desmentido: «Si no hubiese sido por mi precocidad, mi madurez no habría sido tardía.»

Llegó el momento: debo evocar aquella tarde en Ciudad Universitaria o a lo mejor fue de mañana en el Zócalo, o pudo haber sido antes o después de aquella fecha *forever branded in my memory,* tal y como lo dice para siempre Miss Prism en *La importancia de llamarse Ernesto.* Sí, y quizá debería contar mi experiencia amarga, mi lucha con la vida a brazo partido, las madrugadas gélidas donde lloraba sin lágrimas con tal de arrastrar comida a mi casa (no era metáfora, había conseguido un saco de panes petrificados). No lo haré, porque mi experiencia real no da para tanto y porque los asesores en mercadología de la sinceridad en las sesiones de entrega de premios no recomiendan la autocompasión, esa asesora de las autobiografías en pos de la justicia social que beneficia a una sola persona.

De entonces me viene una convicción estructural (entonces no se le decía de ese modo, los vocablos irrenunciables en cada etapa son señas de identidad, no es lo mismo «el ambiente cordial de la Feria» que «el imaginario de la FIL»). La describo sucintamente: sin la frecuentación del cine ninguna cultura literaria arraiga con plenitud y un cine-club, o ahora la DVDeteca personal, es la otra biblioteca. No sólo el montaje narrativo aprendió y aprende de los clásicos del cine, y *Citizen Kane* y *El acorazado Potemkin* y *El ángel azul* y *Los siete samuráis* y *Vértigo* y *La gran ilusión* y *Los hijos del paraíso* y *La diligencia* y el conjunto de cada cinematografía nacional son a su manera parte de la más rigurosa formación literaria.

Por si ya nadie oye, me ofrezco a mí mismo un resumen de estos días: al frenarse casi del todo la movilidad social, aumenta, en vez de disminuir, la movilidad cultural, el interés por lo no muy comercial, porque cultivarse es un gran acto desinteresado o porque así de imprevisibles son las vocaciones. Si los pobres persisten en alejarse de las murallas que rodean la vida cultural, la burguesía (generalizo para entrar en los detalles) creen que la cultura está bien si logra comprar un cuadro de Tamayo o de Frida Kahlo, hasta allí, o si se patrocina una institución cultural. Hasta allí.

«NO TE HE LEÍDO, HERMANO, PORQUE TODAVÍA NO SALE TU DVD»

Al ritual de los agradecimientos le adjunto un catálogo de temas a la disposición. Así por ejemplo, la gran literatura latinoamericana de estos años trasciende prejuicios de género y de –como tal vez se diría ahora– de posgénero, usos y reclamaciones de la política, saldos de la literatura light de hace un año, deseos de narrar a página en cuello los orgasmos que el autor o la autora recitan, vueltas jactanciosas alrededor del orgasmo, dificultades de la pareja en sociedades adversas a las bodas de plata y de diamante, remates de la literatura existosa hace un mes, sentimientos religiosos que vienen –según dicen los personajes– de la necesidad de creer en algo aunque sea en Dios, andanadas del costumbrismo ya fechado (por ejemplo, las novelas donde el habla cotidiana trasciende las doscientas palabras básicas sólo para descubrir que si uno cree en el lenguaje corporal no necesita del vocabulario), asombros metafísicos de la literatura de moda de hace un año... Podría referirme a esto, pero no lo hago porque ya no sé dónde quedó lo esencial.

El mayor enemigo de la lectura no es el culto de las imágenes, ni el desdén por todo lo que envía a desenterrar un diccionario, ni siquiera la incomunicación entre los seres humanos (angustia recurrente en los artículos de doctores, abogados, obispos y senadores que nadie lee por desgracia, porque si lo hicieran entenderían la fascinación causada por las repeticiones), sino las catástrofes en la enseñanza pública y, quién lo dijera, privada, una demolición que vigorizan el desplome de las economías y el sopor ante la idea de las humanidades (si es que todavía se recuerdan). Doy algunos datos del caso mexicano, de manera alguna excepcional en América Latina (datos de *Corte de política mexicana,* 8 de septiembre de 2006, y del diario *Reforma,* 25 de agosto de 2006):

– 63% de los estudiantes que concluyen la primaria lo hacen sin saber escribir: de acuerdo con los resultados del Examen de la Calidad y el Logro Educativos (Excale), aplicado por el Instituto Nacional para la Evaluación de la Educación (INEE), «casi dos de cada tres egresados de primaria en el país carecen de habilidades básicas para el manejo del lenguaje escrito». (Alguien podría decir: «Menos competidores.»)

– 51% de los estudiantes de secundaria se encuentra en un nivel básico de matemáticas, proporción que se eleva al 62,1% tratándose de los alumnos de telesecundaria.

– En México, sólo 225 de cada 10.000 habitantes llegan a una universidad. Cuatro de cada cien niños que ingresan a primaria consiguen terminar la universidad. Treinta y dos millones de mexicanos tienen una escolaridad inferior a la secundaria completa. El gasto anual promedio por estudiante de primaria en México es de poco más de mil cien dólares, cuatro veces menos que el promedio de lo que gastan los países de la OCDE.

Por todo esto, preocupan los ataques a la laicidad, que aun en medio de esta «catástrofe silenciosa» es el mayor garante del proceso educativo. En esta temporada, la jerarquía católica de México se enorgullece de la promesa de Felipe Calderón: modificar el Artículo 24 de la Constitución de la República y, en donde dice «libertad de cultos», poner *libertad religiosa*. La libertad de cultos incluye muy explícitamente la libertad religiosa, la que en estos años se ha ejercido sin reservas. ¿Qué se pretende entonces? Aquello que declaran reiteradamente los jerarcas: la enseñanza religiosa en las escuelas públicas, enseñanza católica desde luego, porque, según argumentan, es la religión absolutamente mayoritaria y porque, dicen el clero y el Partido Acción Nacional, a la laicidad la define la voluntad de los padres de familia, que al no estar ni remotamente organizados depositan su voluntad en las esferas celestiales (es una suposición).

Si aún persiste el impulso del desarrollo cultural, actúan en su contra, entre otros, los siguientes elementos: el deterioro del magisterio (salarial y social) y el crecimiento gozoso del analfabetismo funcional, muy en especial entre las «buenas familias». Desaparece la mayoría de las referencias que han sido el código compartido de los países de habla hispana, y los autores, lo reconozcan o no, se dirigen a los lectores desde la incertidumbre. «¿Qué sé yo de lo que en verdad leen, y cómo enterarme de si leen lo que escribo con datos incontrovertibles ajenos a los índices de ventas?» Los puntos de acuerdo y recuerdo se van desvaneciendo y a esto José Emilio Pacheco lo llama el proceso de «las alusiones perdidas». El idioma febril de las nuevas corrientes no incluye por ejemplo a casi todas las referencias bíblicas, de la cultura grecolatina, de la historia del siglo XIX, de los grandes momentos de los países. ¿Cuántos saben en qué consistieron la burra de Balaam, la humillación de Canosa, el tonel de las Danaides, Scilla y Caribdis, o, en México, la Guerra de los Pasteles (la invasión del ejercito francés para cobrar la deuda de un pastelero) y el Héroe de Nacozari (el conductor del tren que se sacrifica para salvar a los pasajeros y a la población)? La memoria colectiva sólo interviene en las ocasiones de contento, y el ayer, salvo casos excepcionales, se considera denso, aburrido, dificultoso. Y la mayoría de los que leen, leen otra cosa, no sé cuál pero otra.

Al 31 de marzo de 2006, de cada cien habitantes del planeta 15,7 eran usuarios de Internet, lo que significa que mas de mil millones de personas tenían para entonces algún acceso a la red global. Esto significa un crecimiento del 17% entre diciembre de 2004 y marzo de 2006. Mientras en Norteamérica el 68,6% de la población tiene acceso a Internet, en Europa lo hace el 36,1% y en América Latina el 14,4%. Asia tiene 364 millones de usuarios, Norteamérica 227, Europa 292 y América Latina y el Caribe 80 millones de usuarios a 31 de marzo de 2006. En América Latina el primer lugar en usuarios lo tiene Chile (35,7%), seguido por Argentina (26,4%), Uruguay (20,8%), Perú (16%), Brasil (14,1%), Venezuela (12%) y Colombia (10,3%).

Las conexiones de banda ancha a nivel mundial, en diciembre de 2005, se estimaban en 209,5 millones, representando un incremento del 36,7% respecto a diciembre de 2004.

América Latina es la tercera región con más crecimiento de la banda ancha en el mundo. En el último año, en Colombia los usuarios de banda ancha crecieron en un 151%, en México 121,8% y en Argentina 80,9%. Según datos recientes sobre lectura en Colombia (2006), la lectura en Internet fue la única que creció en los últimos cinco años de 5 a 11% para el promedio de las grandes ciudades y de 6% a 17% para el caso específico de Bogotá. Según el reciente Informe de Digital Life de la UIT, por primera vez en la historia de sus mediciones, el primer lugar en horas de consumo fue el de los medios digitales superando a la televisión.

La lectura en Internet está creciendo muy rápida y consistentemente. Según Rey (2006), en el estudio colombiano se encontraron cinco motivos de lectura: el funcional (trabajo y estudio), el entretenimiento, el encuentro (chat y correo), la actualización y la lectura de periódicos y revistas. Un porcentaje importante de lectores de la prensa escrita están haciéndolo en Internet, posiblemente transformando los procesos y modos de lectura tradicionales. Así, la lectura en Internet no se opone ni desplaza a otras lecturas; mas bien se trata de lecturas complementarias y cruzadas. En el estudio citado, los que más leen libros, los que tienen más libros, los que van más a bibliotecas son los que leen más en Internet.

«¿EN QUÉ MOMENTO?»

En *El paso del testigo,* Edgardo Cozarinsky se pregunta: «¿En qué momento la literatura dejó de ser el centro inapelable de nuestra cultura?» Y en el camino de la respuesta anota: «El psicoanálisis, las ciencias sociales, la mera política van a convertirla, como la computadora al libro, en un objeto si no de lujo al menos de prestigio.» También, el mercado se propone hacer de la literatura el paisaje sin rentabilidad, ese último criterio canónico del neoliberalismo.

A lo dicho por Cozarinsky se podría añadir: ¿en qué momento y por qué motivo la lectura y la cultura definidas clásicamente (artes, música, teatro, cine de calidad) pasan a ser algo que se envía a las regiones del tiempo libre, mientras que los medios y la industria del entretenimiento son para demasiados «la realidad»? Y una gran interrogante: ¿cuándo se pierde, en definitiva, la causa de las humanidades como formación central? Al hablar Cozarinsky de «nuestra cultura» se refiere a las minorías ilustradas y al circuito de las sociedades que, influidas por estas minorías, creen en la complejidad estética por fe, no por ejercicio de la demostración, y se emocionan con algunos poemas, algo de la música clásica, algunas novelas, algunas tesis sobre el ser humano y el ser nacional y, sobre todo, exhiben su pasmo admirativo ante el lenguaje, cuyo empleo virtuoso provoca reacciones estéticas en donde no se creería probable que surgieran. Si continúa en algún grado la pasión por el lenguaje, ningún proceso literario es terminal.

¿Quién determina el valor de las obras literarias y de dónde emanan los criterios jerarquizados? En cada generación la combinación de factores es muy distinta, hay supresiones categóricas y propuestas que se imponen con rapidez. Entre los criterios al uso localizo los siguientes:

– lo que vende bien es a un tiempo valioso y execrable, salvo excepciones irrefutables *(Cien años de soledad)*.

– lo que mantiene zonas de encantamiento en donde se movilizan los personajes, las atmósferas, las imágenes, y en donde la lectura modifica en algo la vida del lector, por lo menos le añade secuencias narrativas que el lector o lectora consideran imprescindibles.

– lo importante que afina o enriquece la idea de lo nacional: habla, personajes típicos o pintorescos que el tiempo vuelve clásicos (o a la inversa), descripciones memorables del paisaje y de la vida social, relatos que por su brillantez o su elocuencia se consideran definitorios de una época. En cada momento, lo verdaderamente *nacional* viene del consenso de lectores y espectadores, que al cambiar de gustos se instalan en otro país con el mismo nombre.

– lo que pertenece a la organización de los elogios mutuos.

Al humanismo se lo expulsa en definitiva del currículum educativo en la década de 1970, al encargársele a la iconosfera (el imperio de las imágenes) la formación de las nuevas generaciones. No se le ve sentido a la brillantez verbal, y cada vez son menos los capaces de sentirla y admirarla, la gran mayoría renuncia a la lectura de poemas, y el asunto se agrava al decidirse –sin razonarlo y sin deliberarlo– que la literatura ya no es el punto de partida de la estructura del conocimiento, sino, francamente, un entretenimiento que no alcanzó el grado de los deberes escolares. (Algo se sabe de la trama de *Don Quijote*, ¿pero quién lo lee? No ciertamente muchísimos funcionarios que presiden los homenajes a Cervantes.) Y el sitio antes central de la literatura lo ocupan las imágenes, al grado de que el «tiempo libre» de la sociedad viene a ser lo que resta luego de ver partidos de futbol, telenovelas, reality shows, series televisivas, películas, lo que, además, ya no es «tiempo libre» sino «obligación urbana». ¿Tiene caso quejarse? Por supuesto que no, lo inevitable sucede aunque lo inevitable desemboque en la desarticulación de la sociedad.

ENTRE LA IMPRENTA Y EL ZAPPING

En la América Latina de hoy, ¿qué papel desempeñan la novela, el teatro, el ensayo, la poesía? Sus funciones son muy diferentes a las ejercidas hace apenas una generación. Ante el predominio de las imágenes, la proclamación muy apresurada del fin de la Era de Gutenberg y el vigor del analfabetismo funcional, el público se recompone, se amplía, se reduce. Y a los diagnósticos al respecto los acompañan el pesimismo y su complemento directo, el triunfalismo, confiados tan sólo en las fuerzas del mercado.

Lo más señalado de este momento es la globalización de la literatura y de las artes en general, pero a este proceso, iniciado en el siglo XIX, lo obstaculizan las desventajas sucesivas, entre ellas:

– La caída incesante de la economía en lo que a las mayorías toca.

– Las crisis políticas sobredeterminadas por el peso del mundo financiero y por la exasperación a dúo de las fuerzas en contienda.

– El imperio de los medios electrónicos.

– El fracaso –reconocido en forma unánime– del proceso educativo, hecho a un lado por el culto a la tecnología y por la sobrevaloración del éxito económico, ya nada más accesible a unos cuantos..

– El tipo de bestsellers que se definen como «los libros que le gustan a quienes no gustan de la lectura» (por fortuna, no son los únicos bestsellers).

– La tendencia académica de las especializaciones absolutas que suele ignorar el placer de la escritura y la lectura.

– La gran importancia formativa del cine que de varias maneras desplaza a la literatura como criterio de modernización y de visiones críticas.

– El abandono creciente del ejercicio de la imaginación individual, hecha a un lado por la manipulación tecnológica («En donde estuvo la percepción, los efectos especiales»).

– El peso de la demografía y el tamaño de las ciudades.

En este panorama, muy poco del legado clásico parece firme, la repetición de fórmulas hace las veces de ánimo crepuscular, y las demandas de la educación se inician con el sueño de la multiplicación de las Laptops y los iPods como panes y vinos bíblicos. Ahora, el mayor peligro para la novela no es el culto a las imágenes (que obliga en demasiados sitios a sólo considerar *novela* a la telenovela), ni el desdén tecnocrático hacia la letra escrita, sino la pretensión de eliminar la complejidad.

En su turno, los efectos de la televisión, profundísimos a corto plazo y por acumulación, suelen carecer del brillo del prestigio íntimo, aunque esto ya se transforma en la programación de cable con el muy buen nivel de las series sobre vida cotidiana, abordada desde la franqueza o desde la derrota de la censura. Y por lo común la televisión abierta no permite que las personas, aun las menos críticas, consideren a la televisión su interlocutor ideal: «Si en el mismo espejo se contemplan todos mis vecinos y mis parientes, ya no puedo ser Narciso.» Y al no existir como antídoto las exhortaciones dramáticas de la televisión en el camino a Damasco («Saulo, Saulo, ¿por qué no me apagas de vez en cuando?»), se desvanecen las posibilidades televisivas de constituir otra vanguardia del comportamiento.

En el año 2010 se celebrará el bicentenario de la independencia de siete virreinatos, y en fechas cercanas el bicentenario de la independencia de otras más (en el caso de México es, además, el aniversario de la Revolución). La oportunidad es irrepetible: ¿cuál será la índole de las celebraciones? Agitarse en los detalles de las efemérides, aunque parezca obligado, será también un derroche de energía y recursos. Por vez primera en su historia América Latina puede indagar en las verdades o en los mitos de su unidad o su dispersión, puede saber en una visión de conjunto hasta qué punto su historia se hace de fragmentos, cuáles son hoy sus vínculos trasatlánticos, cuál es el significado de sus distintas etapas, de sus localismos y sus regionalismos, en qué han consistido y en qué consisten el peso de la religión, las inmensas contribuciones de la secularización, el flujo de las ideologías, el capitalismo salvaje, los intentos socialistas, el populismo, el neoliberalismo. A la luz de 2010 ya se advierte cómo surge, todavía borrosa o confusa en partes, la imagen de la región como la entidad muy dividida y a fin de cuentas indivisible.

LOS ANTÍDOTOS CONTRA EL PESIMISMO

No he hablado de la crónica, el género literario que hoy, para mi buena suerte, se añade a los considerados por el criterio de la FIL. La crónica, empeño periodístico descaradamente literario, es desde el siglo XIX una expresión brillante del deseo de narrar la cercanía, lo que es local, lo vulnerable y lo invulnerable de la prosa narrativa que describe lo carente de prestigio internacional. Si la época corresponde al reportaje de investigación, con sus grandes denuncias que por desgracia se vuelven a las dos semanas inútiles (el escándalo financiero y político ya es otra condecoración de la clase en el poder), la crónica le imprime relevancia a la revelación hoy volátil, entre periodismo y literatura, entre las circunstancias y sus versiones plenas de personajes y atmósferas.

Hace setenta años escribió el poeta mexicano Renato Leduc:

Cuando seamos clásicos, y la gloriosa juventud
Nuestros nombres vitupere
Si alguna vez a pronunciarlos osa...

No me tocó la suerte de ser clásico, pero lo demás sí me lo adjudico mientras advierto el sinfín de rostros amigos y la buena voluntad que toda la Feria del Libro alberga (si esto no es cierto, debería serlo). Y nadie rebaje a lágrima o reproche mi melancolía al advertir que, por lo menos hoy, no podré dedicarme a ella. Ya la recomenzaré el día de mañana.

NOTAS AGREGADAS

¿Es o no *normal* la desaparición simultánea
de una generación y su repertorio de conocimientos, varios de ellos provenientes de las etapas formativas de la niñez y la adolescencia, y ex-
presados como nostalgias, modas, terquedades o
«respeto a las raíces», y otros provenientes de la
mezcla errátil del nivel educativo de cada persona y sus relaciones con la cultura popular y lo
que toca de la cultura de masas? Hasta cierto
punto el cambio de referencias es inevitable, y a
ratos las afirmaciones expresan el resentimiento:
«En mi tiempo leíamos más», «Los jóvenes de
ahora ya no leen»; por otro lado, las transformaciones drásticas de mentalidad («de paradigmas»,
se dice) exigen métodos de olvido. Dicho eso, creo

que el fenómeno actual es mucho más profundo que la habitual y melodramática «pérdida de valores» y que la renuncia a los ciclos culturales de una etapa. Por eso, así sea de modo muy somero, vale la pena acercarse a los conocimientos irretornables y las razones de su desvanecimiento.

La estructura narrativa y mitológica de Occidente deriva en gran manera de la Biblia y sus profecías como espejos colectivos, de sus genealogías y sus historias de gobernantes que matan, traicionan, sojuzgan, y del personaje central de los Evangelios. Esto en los países católicos se ha dado de modo muy irregular. La lectura de la Biblia ha sido muy selectiva y sectorial, con graves prohibiciones a las mujeres, y de allí la confusión amplísima entre la Biblia como sucesión de textos y lo que las colectividades han imaginado que es la Biblia. Con todo y entre vaguedades algún rescoldo de conocimiento se tenía; ahora, para la mayoría es un libro de relatos sagrados poblados de hechos o parábolas de las que se tienen nociones vagas, salvo lo ocurrido en las dos fechas culminantes: Navidad y Semana Santa.

En Latinoamérica la situación al respecto ha sido y es abrumadora. Al estar prohibida la interpretación libre de la Biblia, se dependió de una antología autorizada y arreglada y, venturosamente, se tuvo a mano desde la segunda mitad del siglo XIX la traducción de ese gran manual simbólico del cristianismo, *La Divina Comedia* con los grabados de Gustavo Doré.

No es exagerado decir que en Latinoamérica la versión predominante de la Biblia se inspira puntualmente en Doré. Los grabados se vuelven anécdota y las anécdotas sintetizan las versiones míticas y las reintroducen como verdades reveladas, a escoger en un nivel: el Diluvio, el sacrificio de Isaac, Moisés que divide el mar en la huida de Egipto, Sansón que muere y con él todos los filisteos, David y Goliat, y así hasta llegar a los Evangelios y los milagros que hacen las veces de improvisaciones de la nueva fe. Se acepte o no, la tradición religiosa se deja ver como sucesión de fábulas y estampas mediadas por el misterio de la Pasión, y por eso es común explorar el libro sagrado como arqueología de mitos y leyendas presidida por la creencia. Pero el tiempo, también, borra la mayoría de los relatos. Y, si no, ¿quién fue Zaqueo y por qué Cristo le devolvió a la vida? ¿De dónde viene eso de «Saúl mató a sus miles y David sus diez miles»? Los grandes relatos persisten (Judas, Lázaro, Barrabás, Pedro que niega tres veces al Señor), pero la tradición oral se añade con fuerza, otorga identidades a su generoso arbitrio (Dimas y Gestas se llamarán los ladrones sin nombre en los Evangelios) y colma de brumas la narrativa de donde surge la teología.

La fe –afirmó San Pablo– es la sustancia de las cosas que se esperan, la demostración de las cosas que no se ven. Así lo dijo, pero la práctica de la religión lo ha desmentido ampliamente: la fe es la sustancia de la esperanza, sin duda, pero es también la ratificación de las cosas que se ven repetidas y circularmente: los templos, las ermitas, las catedrales, las representaciones de Cristo, la Virgen, las vírgenes y los santos, las peregrinaciones como metáfora de la fe colectiva que se desplaza. Esto perdura con las modificaciones de la amnesia o de los ajustes de la memoria: se volatilizan los nombres y las hazañas de los santos y se dejan para otra oportunidad las explicaciones de los misterios teológicos.

La memoria selectiva toma en cuenta a los poseedores de imágenes memorables (las flechas de San Sebastián, los ojos de Santa Lucía), o los motivos de orgullo nacional: Santa Bárbara en Cuba, Santa Rosa en Lima, San Felipe de Jesús en México. Pero si la religiosidad en el sentido esencial persiste, las tradiciones «eternas» se modifican incesantemente, ¿o ver misas por televisión no trastoca los ritmos de la piedad y su poder de concentración?

Lo que más impresiona de *La Divina Comedia* y de los grabados de Doré son las imágenes del Paraíso y, muy especialmente, los Nueve Círculos del Infierno, la teología de masas, el contexto irrefutable durante siglos de las Encíclicas (lo son aún hoy). Y también estas alusiones se difuminan al tomar al Infierno y a Satanás (Belcebú, Mefistófeles, el Demonio Luzbel, Belial) las industrias culturales, que le conceden sitio de honor al Anticristo y a los vagabundos de Satán. Además, si la Tercera Edad en pleno quiere ser Fausto o Faustina, el Demonio está de moda. En su carácter tradicional el Cielo y el Infierno pueden ser gran pintura o gran literatura (William Blake, por ejemplo), pero en su estructura bíblica o mítica ya son alusiones perdidas.

Creencia es también profundización de la memoria, y los reacomodos de la memoria colectiva influyen en lo que Max Weber llama «el desencantamiento del mundo», esa noción difusa y vivísima de los milagros como elemento cotidiano que los efectos especiales del cine y la televisión trastocan y masifican. Es notable lo que se llamaba «salto dialéctico» antes de la Caída del Muro, ya no el cielo de los relevos y las suplantaciones, donde, por ejemplo, el cristianismo arrojaba al desempleo a los dioses griegos y latinos, y, en donde, para compensar el diluvio de vírgenes, santos, reliquias y astillas del Santo Madero, los escritores usan innumerables referencias clásicas a fin de diversificar el aluvión de dichos y estatuas sacramentales. En la poesía, las figuras del Olimpo no requerían mayor explicación, e incluso Góngora habla sin problemas de «el mentido robador de Europa» sin dificultades, porque los lectores de una época larga saben quién era Zeus o Júpiter y en qué circunstancias raptó a Europa convertido en toro.

Todo lo que se eleva, algún día se jubila. Luego de su cauda triunfal de dioses, semidioses, héroes, especies menores (ninfas, faunos), fuerzas de la naturaleza, gigantes, monstruos, bestias fabulosas, sangre de los dioses y talones vulnerables, le toca el turno del descenso a la cultura clásica (grecolatina), de venir a menos. Compruébelo y responda en el examen que ya no tendrá sentido hacer. ¿Cuáles fueron los siete trabajos de Hércules? ¿Quién fue Ganimedes y qué posibilidades tenía de acusar feudalmente a Zeus? ¿Quién sigue a los articulistas que, como tantos del siglo XIX y la primera parte del siglo XX, hablan de «la obligación del gobierno de limpiar los nuevos establos de Augías»? ¿Quién fue «el oráculo de Delfos» y en qué se diferenciaba de las secciones astrológicas de los diarios? ¿Por qué se podría acusar a Circe de «asesina serial»? ¿Qué sucedía en la Laguna Estigia y por qué Caronte parecía guía de turistas del Más Allá? ¿Cuáles eran las encomiendas específicas de Clío, Euterpe, Thalía, Calíope, Melpómene, Polimia, Erato, Urania y Terpsícore, y cómo le decían a su grupo? ¿Quién fue Laocoonte? ¿Qué libro empieza con «Canta, oh diosa, la ira del pelida Aquiles»? (si ya se vio *Troya,* se hace trampa).

Y a las arenas movedizas del recuerdo cultural les asesta el último golpe Internet, más específicamente Google. Se delegan el arte o incluso la burocracia de la memoria a la tecnología, y con ello se relega la antes tan ensalzada capacidad asociativa. Lo inevitable (la ayuda de la tecnología) mata lo antes valorado (la cultura como memoria a la disposición).

¿Qué se sabe de un gran arsenal metafórico de la política liberal en América Latina durante más de un siglo: la Revolución Francesa, y su cauda de jacobinos, guillotinas, frases luminosas desde el cadalso, tomas de la Bastilla (o de cualquiera de las innumerables bastillas donde se encarcelen las libertades), muchedumbres danzantes en torno a los faroles de donde penden los aristócratas y, joya de la Carmañola, la Declaración de los Derechos del Hombre, con su tríada Libertad, Igualdad, Fraternidad? Lenin y Stalin monopolizaron las representaciones de la Revolución Soviética, y, aparte de ellos, ¿qué se sabe de los bolcheviques, para dos o tres generaciones el arsenal de comparaciones políticas? ¿Y qué versiones *unificadas* de la Revolución Mexicana circulan socialmente? Se sabe de Zapata, Villa y

Lázaro Cárdenas, y lo demás bien a bien son nombres de calles y avenidas con biografías brumosas.

A las frases célebres, tan estimulantes por siglos, las sustituyen, y ampliamente, los aforismos de Oscar Wilde, Groucho Marx y Woody Allen (ya en descenso en número de citas Ramón Gómez de la Serna). Es más fácil, por oportuno, decir: «Yo no entraría en un club que me aceptase como socio» o «Katharine Hepburn recorrió toda la gama de las emociones, de la A a la B» o «No es que tenga miedo de la muerte, es que no quiero estar allí cuando suceda», que evocar el «Libertad, cuántos crímenes se cometen en tu nombre» o «Dadme un punto de apoyo y moveré el mundo» o «Dadme la libertad o dadme la muerte» o «Inglaterra espera que cada hombre cumpla con su deber». Oscar Wilde aseguró: «Todo lo puedo resistir menos la tentación», y resultó la vanguardia de la operación que volvió alusiones perdidas a la mayoría de las frases célebres. La ironía y la autocrítica irónica han sepultado el énfasis heroico de las conversaciones.

Esto es parte del proceso que quiere eliminar lo «no moderno» de la vida cotidiana, y esa «no modernidad» incluye los raptos oratorios, la autoalabanza («Si habla tanto de sí mismo es que quiere encontrarse con la nada»), y lo que se juzga irrelevante por ornamental, o tal vez ornamental por irrelevante, los monólogos o diálogos con intención política. Ahora, y no sólo entre políticos, las frases que dan relieve a discursos o conversaciones ya no provienen de la intención metafórica sino de las encuestas o las estadísticas. Ya no se mencionan «el sacrificio en el ara de la patria» o «la sangre redentora ilumina el Progreso», y lo usual es tomar de informes y encuestas las «nuevas metáforas»; «el 46,7 por ciento que opta por el avance y no por el estancamiento». Los número no son poéticos pero su retórica se impone al ser objetos de la religiosidad contemporánea.

La atención a la tecnología desvanece provincias enteras del conocimiento, y arrincona la erudición. Un erudito ya no es, socialmente hablando, un sabio, sino —sin estas palabras, con este sentido— un depósito amable de intrascendencias que no se piensan conocer. Y el antiguo conocimiento público se confía casi en secreto a las universidades.

¿De qué se habla cuando se anuncia la «catástrofe educativa»? De varios procesos simultáneos: la incapacidad de las escuelas públicas y privadas de actualizar los métodos de enseñanza; el crecimiento de la población escolar y la disminución constante de recursos del Estado en el caso de escuelas públicas; el fin de la creencia en las bondades providenciales del título universitario; la falta de previsión en lo tocante al mercado de empleos; la conversión de la modernidad de atmósfera indispensable en religión civil.

El monolingüismo, y con toda justicia, queda atrás, y en América Latina las élites que recibieron el siglo XX hablando francés, inauguran el siglo XXI hablando inglés (con parquedad, porque no suelen leerlo, salvo las revistas *Time* y *Newsweek*, algún bestseller ya filmado y los libros de su especialidad, nunca demasiados). El pluralismo lingüístico en lo que a las mayorías se refiere es el inglés comercial, laboral y técnico. Y se vive de un rasgo cultural no muy apreciado: en el espanglish que habla la clase dirigente, el idioma que se entiende todavía, a tropezones, es el español. Y la catástrofe educativa es el gran subsidio de las alusiones perdidas.

PERIODISMO Y ESCRITURA: ¿QUÉ ES «ESCRIBIR BIEN»?

Todavía hace medio siglo persistía la certeza: *escribir bien* es lo primordial en poetas y novelistas, y es la obligación de la élite periodística, porque «escribir bien» es un requisito de la lectura en la voz alta de la mente, y es la compensación periodística por la inconfiable de las noticias. («La voz alta de la mente» desaparece cuando no hay tiempo disponible, la lectura hoy es la rapidez que pasa la mirada sobre las páginas.) Todavía en 1950 la prensa es el modelo verbal del habla cotidiana que complementa lo básico (la literatura), y hace de la formulación correcta y, en lo posible, elegante de las noticias un instrumento informativo y formativo. Entonces, los comentarios más elogiosos sobre un articulista son: «Da gusto leerlo», «Su estilo es original», «Tiene buena prosa», y a un reportero se le festejan la oportunidad de las noticias, el valor de la denuncia y la calidad de su impulso narrativo (a este respecto, aún me intriga el uso del término «prensa escrita», que festeja el pleonasmo quizá por miedo a declarar la inmensa ventaja de la televisión)

Hoy, en casi todas partes (el *casi* es una precaución contra los errores o deslices de las generalizaciones), resulta excepcional oír de un reportero o de un articulista el «Escribe muy bien», y lo común es la resignación que acepta lo que hay porque tampoco se le concede atención especial a la prensa. El «Hasta donde entendí el artículo o la nota» es una aceptación cortés de que las publicaciones son recipientes de halagos banales o interpretaciones ilegibles, o que, en el sentido tradicional, leer es con frecuencia un paseo por los laberintos del enigma. Y, salvo excepciones notorias, son muy confusos o muy reiterativos los métodos narrativos, y si notas y reportajes se dejan leer es por lo general mérito de la avidez de los lectores, «coautores» obligados de los textos, que, por lo mismo, depositan la información y la interpretación que allí no está. Pero para que las alusiones no se pierdan, hay que añadirlas.

«LO QUE DEBÍ DECIR EN VEZ DE LO QUE CREO QUE DIJE»

No afirmo ni mucho menos que todo el periodismo escrito sea ilegible o deleznable. Apunto al «descuido» o la convicción subliminal de un gremio que, en lo interno, cree cada vez más en las imágenes y menos en las palabras, y exhibe también el desarrollo de otros métodos de narrar y leer, inciertos o experimentales pero ya propios de la actualidad. ¿Cuáles son los elementos que precipitan, encauzan o fijan estos cambios? Enumero algunos:

– el avasallamiento del analfabetismo funcional que, por vía de mientras, trae consigo la sólida disminución del vocabulario. De nuevo, la cita de Wittgenstein: «Los límites de mi lenguaje son los límites de mi mundo.» Las personas y las colectividades recurren cada vez más a menos palabras, y a éstas, y bajo presión, se las obliga a decir más cosas, lo que repercute en el periodismo, cuya autocensura más aguda, luego de la política, tiene que ver con el nivel de comprensión de sus lectores.

— el desvanecimiento de contextos y de referencias antes seguras (de historia nacional o internacional, de temas bíblicos, de mitologías, de novela, de poesía, de referencias fílmicas o incluso televisivas). Estas «citas mentales» ya no disponen del público relativamente alto o significativo de otras épocas, o le resultan incomprensibles a la mayoría (cada cinco o diez años se modifica y circunscribe el mapa de las alusiones compartidas).

— la causa imperiosa e imperial de la tecnología adquiere un perfil «religioso», inevitable ante novedades tan impetuosas y vastas. Al delinearse «lo estrictamente contemporáneo» la tecnología es el recinto sacro de las maneras de ganarle al tiempo, y rapidez al desarrollo, y las modificaciones incesantes proveen a sus usuarios de ventajas múltiples donde el humanismo suele verse como recurso ornamental.

— Internet es el ágora internacional, es la información madre, es la destrucción de la memoria pretecnológica de los periodistas, lo que se llamaba «la sabiduría del gremio». Ésta todavía se usa, pero ya más bien ligada a las evocaciones de la cultura oral que al profesionalismo. ¿Qué puede Funes el Memorioso contra Google o YouTube que ni siquiera tardan un día entero en recordar un día entero?

— las redacciones de diarios y revistas son ya distintas por entero a las «redacciones» clásicas, recintos del pintoresquismo o, en sus etapas finales, ni siquiera eso. La camaradería o la discrepancia de antaño en las redacciones hablan de atmósferas espectrales, sustituidas por la imposibilidad de manejar el flujo informativo y la ordenación de las tragedias y los fenómenos delictivos.

Una prueba de los cambios la otorgan las escuelas y facultades de comunicación, donde ahora se aprende, sobre todo, a localizar el campo de aprendizaje. Al principio la carrera se proponía formar periodistas. Desde hace tres décadas por lo menos, al evidenciarse el poderío de los medios electrónicos (en México ahora hay cerca de trescientas escuelas o facultades de comunicación, y un número equivalente hay en toda América Latina), los planes de estudio se han trasladado de la meta de lo escrito a la atención obsesiva por las industrias culturales. Las carreras de comunicación crecen al prodigarse la ilusión de lo contemporáneo y la urgencia de la tecnología del entretenimiento, y de allí su desbordamiento al mayor en las universidades de América Latina, antes poblada de ansiosos de aparecer en televisión, o de «manipular a las masas» (de seguir así la explosión demográfica de esta carrera, se verá el caso insólito de las masas manipulando a las masas), y ahora requerida de la formación universitaria que habilite a los trabajadores de las industrias culturales.

Por eso, en la enseñanza de la comunicación pasa a tercer término, si les va bien, la información literaria y el deseo de escribir bien. Informar es ya usar a fondo la tecnología, no el idioma, y las ventajas de la inmediatez extrema ocupan todo el espacio. Se pierde, si lo hubo, el interés específico por la escritura. Se extravía, si lo hubo, el interés concentrado en la escritura. Se debilita la ambición de poseer un lenguaje variado y con matices.

– La diferencia entre medios electrónicos y medios impresos es arrasadora. En México sólo el seis por ciento se informa a través de los medios impresos, tan múltiples, además, que no hay modo de ajustar los puntos de vista.

– el campo de la escritura se trastoca al aparecer el mercado literario, artístico y cultural con otras demandas y otro lenguaje público. ¿Quién sabe ahora lo que significa «escribir bien»? ¿Es la literatura light la única literatura que se reconoce? ¿No es cierto que cuando hoy se dice novelas, la referencia por antonomasia son las telenovelas? La industria fílmica, a partir de los efectos especiales, exhibe el tedio ante la complejidad argumental, y ha perdido gran parte de sus recursos literarios.

– la reducción del vocabulario se traduce de varias maneras en la reducción del panorama noticioso. En última instancia, el uso de cada vez menos palabras quiere decir también el adelgazamiento de las noticias porque al perderse los matices se desvanecen también las anotaciones psicológicas, sociales y culturales, y todo se ajusta a la precariedad de los patrones lingüísticos que el mercado aprueba.

— la competencia con la televisión, una batalla perdida en cuanto a la oportunidad de las noticias se refiere, se compensa por un hecho: la interpretación sigue a cargo de la prensa, no obstante el despliegue de mesas redondas televisivas. Eso obliga en la publicaciones a darle más especio a los dossiers, imposibles de incluirse en la televisión, reacia incluso a los reportajes.

— la poesía sigue siendo espacio de lo bien escrito y allí no hay dudas así hayan disminuido los lectores.

— ¿en qué momento se perdió, se extravió o se diluyó la noción canónica del escribir bien? No pueden fijarse fechas del cambio de percepciones literarias en la medida en que siguen admirándose en la narrativa y el ensayo, por ejemplo, la escritura de Alfonso Reyes, Jorge Luis Borges, Alejo Carpentier, Gabriel García Márquez, Octavio Paz, Elena Garro, José Lezama Lima, Virgilio Piñero, Sergio Pitol, Guillermo Cabrera Infante, Juan Carlos Onetti, Rosario Castellanos. Un canon –el irrebatible de «lo bien escrito»– aún funciona, pero es cada vez más arduo de explicar, no obstante las renovaciones a cargo, por ejemplo, de Manuel Puig, Tomás Eloy Martínez, Elena Poniatowska, Roberto Bolaño, Margo Glantz, Héctor Diego Abad, Juan Villoro.

– la literatura light gusta o no, se acepta o se rechaza, pero las razones para afiliarse o desafiliarse a su lectura suelen ser implícitas. ¿Por qué Paolo Coelho mantiene tal cantidad de seguidores? ¿Qué es el bestseller norteamericano: la línea del menor esfuerzo o el resultado de la abolición de las exigencias? ¿Alguien puede *leer*, en el sentido histórico, a redactores descuidados como Carlos Cuauhtémoc Sánchez, que ha vendido en América Latina más de cinco millones de ejemplares?

Ante el predominio de las imágenes, la proclamación del fin de la Era de Gutenberg y el vigor del analfabetismo funcional, el público se recompone, se amplía, se reduce. Y a los diagnósticos al respecto los acompañan el pesimismo y su complemento directo, el triunfalismo, confiados tan sólo en las fuerzas del mercado.

Lo más señalado de este momento es la globalización de la literatura y de las artes en general, pero este proceso, iniciado en el siglo XIX como «internacionalización del gusto», lo obstaculizan las devastaciones sucesivas de los países. Cito algunas:

— la caída incesante de la economía en lo que a las mayorías toca.

— las crisis políticas sobredeterminadas por el peso del mundo financiero.

— el imperio de los medios electrónicos.

— el fracaso (reconocido en forma unánime) del proceso educativo, hecho a un lado por el culto a la tecnología y por la sobrevaloración del éxito económico, ya nada más accesible a unos cuantos.

87

– el éxito de los bestsellers que se definen como «los libros que le gustan a quienes no gustan de la lectura» (por fortuna, no son los únicos bestsellers).

– el papel de la publicidad, que impone el elogio desbordado, delirante, demencial, incluso, de los productos y que llega a persuadir a casi todos (o a todos) de que en el fondo son productos y deben promoverse como tales y deben tratar a sus amigos de igual modo.

– la tendencia académica de las especializaciones absolutas que suele ignorar el placer de la escritura y la lectura. Así, el habla especializada consiste en gran parte en los secretos que cada integrante de un medio decide llevarse a la tumba.

– la gran importancia formativa del cine, que de varias maneras desplaza a la literatura como criterio de modernización.

– el abandono creciente de la fe en la imaginación individual, hecha a un lado por la manipulación tecnológica («En donde estuvo la conciencia, los efectos especiales»).

– el peso de la demografía y el tamaño de las ciudades.

En este panorama, muy poco del legado típico parece firme, la repetición de fórmulas hace las veces de ánimo crepuscular, y las demandas de la educación media representan a la tradición. Ahora, el mayor peligro para la novela no es el culto de las imágenes (que obliga en demasiados sitios a sólo considerar novela a la telenovela), ni el desdén tecnológico por la letra escrita, ni siquiera la incomunicación cultural entre los países latinoamericanos, sino la catástrofe educativa, robustecida por el desplome de las economías y el desprecio neoliberal por las humanidades. El neoliberalismo es, en definición rápida, el encumbramiento de una minoría depredadora, y por ello se privilegia a la educación privada al margen de los niveles de calidad, y allí, con énfasis, la aptitud tecnológica es la cima, lo que se traduce en el menosprecio del humanismo, en la adopción ornamental de la cultura y en la burocratización en materia educativa.

Persiste el impulso cultural de una minoría, pero se vigorizan el fin de las prácticas mnemotécnicas en la educación elemental (el gusto por la poesía se inicia en su memorización), el grave deterioro de la profesión magisterial, el uso del tiempo a favor de la televisión, el orgullo no tan oculto por el analfabetismo funcional. Desaparece la mayoría de los contextos culturales, que habían sido el idioma compartido de los países de habla hispana. Ahora, el que desee la difusión masiva deberá en cada libro aceptar los niveles informativos prevalecientes. Si se acude a los conocimientos culturales «de antes», deben explicarse de inmediato porque los diccionarios son sitios del destierro. Los niños y los jóvenes no incluyen por lo común la lectura entre sus aficiones básicas, sin que esto consolide las profecías desoladoras sobre el exterminio de la lectura. El libro persiste y el volumen editorial se intensifica, pero, precisamente en el momento de su expansión, ha pasado de necesidad pública a afición de sector, salvo casos excepcionales.

¿Qué reemplaza a las guías tradicionales de las metamorfosis individuales y colectivas, a la poesía, la novela, el teatro? Con lo anterior no insinúo siquiera que la poesía y la narrativa hayan perdido sus facultades liberadoras y creativas; por lo contrario, de la literatura continúan desprendiéndose las grandes atmósferas formativas, lo que certifican por ejemplo la trilogía de los Anillos de Tolkien, la poesía de Philip Larkin y Jaime Sabines, las novelas de Coetzee y Philip Roth. Sin embargo, en lo que a las mayorías se refiere, el influjo mítico de los libros se ha evaporado en buena medida, concentrándose en los sectores ilustrados, que no crecen según los ritmos de la demografía, aunque sí todavía influyen en las adaptaciones de cine y televisión.

«LE LEÍ UN POEMA Y ME PREGUNTÓ QUE POR QUÉ LE HABÍA QUITADO LA MÚSICA»

Ha cambiado y continúa haciéndolo el ámbito de las grandes identificaciones espirituales. Así por ejemplo, de mediados del siglo XIX a mediados del siglo XX, la poesía es el género popular que, junto con la música e incluso con más énfasis, se responsabiliza de la sensibilidad colectiva, que incorpora a los analfabetos que la memorizan devocionalmente. Por la poesía, se descubren las potencias del idioma (el ritmo y las melodías diversas y complementarias) y, también, las iluminaciones que una sola imagen desata. Y era una sola sombra larga.

La espiritualidad en la vida secular mucho le debe a los poetas modernistas en el tránsito del siglo XIX al siglo XX (en especial a Rubén Darío), y luego, en la adaptación a la modernidad, los sentimientos espirituales se nutren de la poesía de (entre muchos otros) Neruda, César Vallejo, Borges, Octavio Paz. Los poetas representan el idioma nacional y el idioma a secas, y vitalizan el idioma de sus lectores y de muchos otros. Y en esto, como en casi todo, no hay fronteras, como lo prueba la influencia de los clásicos españoles, y Antonio Machado, Juan Ramón Jiménez, Federico García Lorca y Luis Cernuda. A los poetas les toca dictaminar los estremecimientos del oyente o el lector, y su prestigio se traslada a las canciones populares, de los boleros de Agustín Lara a los valses peruanos.

Sin el vislumbramiento de las conductas íntimas antes prohibidas y súbitamente necesarias, no hay secularización. Y a la poesía la complementan y en algún momento la arrinconan la novela y el cine. El deseo de captar las sensaciones nuevas y las vías de las transformaciones personales, lleva por ejemplo a los jóvenes de la década de 1970 a leer con devoción *Paradiso, Rayuela, La ciudad y los perros, Juntacadáveres, La traición de Rita Hayworth, Tres tristes tigres* y *La región más transparente,* las descodificaciones y codificaciones de la realidad que importa. Y a lo largo del siglo XX el cine es sin duda el espacio de remoción de prejuicios y de creación de modelos de vida, de mitos que ajustan las sensaciones de éxito y de fracaso, de pautas de la conducta inevitable que unos meses o unos minutos antes se consideraban impensables.

¿Qué reemplaza a estos guías de las metamorfosis individuales y colectivas? Con lo anterior no digo que la poesía y la narrativa hayan perdido sus facultades genésicas; sólo apunto al hecho evidente: su influjo mítico se ha evaporado en buena medida, concentrándose en sectores de cultura libresca. Al irrumpir las leyes del mercado, la novela importa pero de otra manera, y *Star Wars* seduce, y también de otra manera. Y el reemplazo propuesto, la televisión, posee un efecto distinto, devastador a corto plazo, pero carente del brillo del prestigio íntimo, no sólo por su naturaleza, que consiste en hechos efímeros, sino por su masificación. En el caso de la televisión, sin duda, se cumple el lema de Marshall McLuhan: «El medio es el mensaje.» Sí, pero, casi siempre, el medio ya vendió de antemano la moraleja.

Cantinflas fue y sigue siendo un gran mago de la pérdida de las alusiones, en este caso no referencias culturales sino simples palabras. Esta obligación de cantinflear se revela en lo que un ex Jefe de Comunicación de la Casa Blanca, Michael Deaver, le dijo al entrevistador Bill Moyers: «El presidente Reagan nunca dijo algo sustancioso porque el público que él quería alcanzar se impacientaba con lo sustancial.»

Las tres mil palabras de vocabulario básico se amplían enormemente con el «Tú me entiendes, ¿no?».

Las notas a pie de página son cementerios clandestinos que al multiplicarse las ediciones críticas despliegan un conocimiento certero: lo que no es en tu año es un engaño. Pero ya hoy muchas conversaciones, antes casuales, requieren un aparato crítico. Con velocidad inconcebible en épocas anteriores las referencias se borran o se ajustan al tamaño de la fama televisiva, algo en el sentido de «No hay nada más viejo que la información cultural de mis padres».

Mayo de 2007

ÍNDICE

Impreso en Talleres Gráficos
LIBERDÚPLEX, S. L. U.,
crta. BV 2249, km 7,4 - Polígono Torrentfondo
08791 Sant Llorenç d'Hortons